AF714619

धूप में भीगी चाँदनी

दीपमाला

BookLeaf Publishing

India | USA | UK

Made with ❤ on the BookLeaf Publishing Platform
www.bookleafpub.in
www.bookleafpub.com

Dedication

दादाजी,
काश! आप इसे पढ़ पाते...

Preface

अंतर्मन की बात

बचपन से ही मुझे फ़िल्में देखना और पढ़ना बहुत पसंद रहा है, बचपन से किशोरावस्था की दहलीज़ तक आते आते मैंने लिखना भी शुरू कर दिया था, तब शायद लिखे हुए शब्दों के अर्थ पूरी तरह से समझना संभव भी नहीं होता होगा। मुझे अच्छे से याद है मेरी पहली रचना एक कहानी थी और उसे लिखा था मैंने ग्यारह वर्ष की उम्र में जिसे आज तक मैंने सम्भाल कर रखा है, आज भी जब मैं उसे पढ़ती हूँ तो पढ़ कर हँसी छूट जाती है और हाँ सिर्फ़ उसे ही नहीं उसके बाद की मेरी जितनी भी रचनाएँ रहीं चाहे वो गद्य के रूप में या पद्य के रूप में मैंने सभी रचनाओं को सम्भाल कर रखा है। जब मैं घर से निकल कर लखनऊ आई तो मैंने अपनी सारी रचनाओं को अपने बैग में भर लिया था, भले कुछ कपड़े या सामान कम पड़ जायें पर मुझे ये सुनिश्चित करना था कि मेरी एक भी रचना नहीं छूटनी चाहिये, मैंने इन्हें ऐसे सम्भाल कर रखा जैसे एक स्त्री अपने आभूषण को रखती है। एक जगह से दूसरी जगह, दूसरी से तीसरी, मकान बदलते रहे, उसके बाद नगर बदलने लगे यहाँ तक कि समय के साथ जीवन में आए लोग भी बदल गए। बहुत सारे जानने वाले, दोस्त-मित्र, भाई या स्वयं को परिवार कहने वाले लोग भी पर ना मैंने इनका साथ छोड़ा ना मेरी इन रचनाओं ने मेरा और उन्ही में से कई रचनाएँ आपको इस पुस्तक में भी पढ़ने को मिलेंगी जो कि इतने वर्षों की यात्रा पूरी कर आप तक पहुँची हैं। पता नहीं मैंने इतना समय क्यों लगा दिया इन्हें आप तक पहुँचाने में हालाँकि मेरी कुछ कविताएँ दो पत्रिकाओं में प्रकाशित और आकाशवाणी से प्रसारित हो चुकी हैं। इस पुस्तक को

भी बहुत अधिक समय से मैं आप तक पहुंचाना चाहती थी पर कहते हैं ना कि प्रत्येक "होने" के पीछे उसकी नियति होती है बस इतनी सी ही बात है शायद।

वैसे बातें तो बहुत हैं पर अब मैं मुख्य बिंदु पर आती हूँ, बात करते हैं हम मेरे इस कविता संग्रह के बारे में। कुछ एहसास ऐसे होते हैं, जो शब्दों में ढलते-ढलते भी अधूरे रह जाते हैं और कुछ कहानियाँ ऐसी जो हर स्त्री के भीतर चुपचाप सांस लेती रहती हैं। **"धूप में भीगी चाँदनी"** उन्हीं एहसासों और कहानियों का एक छोटा-सा संसार है। यह संग्रह सिर्फ प्रेम की कोमल अनुभूतियों तक सीमित नहीं, बल्कि उस स्त्री की भी आवाज़ है जो अपने भीतर टूटती है, संभलती है और फिर अपने होने की ज़िद के साथ खड़ी हो जाती है। इन कविताओं में कहीं इश्क़ की नरमी है, तो कहीं संघर्ष की तपिश। कहीं इंतज़ार है, कहीं खो जाने का डर... और कहीं अपने अस्तित्व को पहचानने की एक अडिग चाह, कहीं राष्ट्र प्रेम की झलक तो थोड़ी सी भ्रष्टाचार, अव्यवस्था की चिंता, मैंने इन शब्दों को धूप में भीगती चाँदनी की तरह जिया है, महसूस किया है और फिर उन्हें इस उम्मीद के साथ आपके सामने रखा है कि शायद इनमें आपको अपने हृदय की कोई धड़कन, कोई अधूरी कहानी, या कोई अनकहा सच मिल जाए, अगर ये कविताएँ आपको थोड़ी देर ठहरने, सोचने या मुस्कुराने पर विवश करें- तो ही मेरे लिखने का उद्देश्य पूरा होगा।

दीपमाला
मुंबई, 15 मई 2026

Acknowledgements

एक बहुत ख़ास बात बताना चाहूँगी, जब मैं मेरे गाँव में रहती थी और अपने कमरे में किवाड़ बंद कर लिखती थी तो मेरे दादाजी (जो कि इसी वर्ष हमारा साथ छोड़ गए) दादी और मेरे माता-पिता ये सोचते थे कि पता नहीं मैं क्या करती रहती हूँ यद्यपि मेरे द्वारा उन्हें यह बात अच्छे से बताया गया था कि मैं जब अंदर होती हूँ तो लिखती हूँ, पर परिवार के किसी भी सदस्य को मेरे कमरे में जाकर मेरे किसी भी पुस्तक, डायरी या नोटबुक में ताक-झाँक ना करने का सख्ती से अनुरोध था, मैं मेरी छोटी बहन और छोटे भाईयों को वैसे भी इस बारे में डरा कर रखती थी कि अंदर गए तो ख़ैर नही, मैं बस आप लोगों को यह बताना चाहती हूँ कि यह रचनाएँ जो आप तक पहुँची हैं उसका एक बड़ा श्रेय मेरे परिवार विशेष रूप से मेरे माता-पिता को जाता है, उन्होंने मुझ पर जो विश्वास दिखा कर मुझे मेरे हाल पर छोड़ दिया ये भी एक बहुत बड़ा करण है।

स्नातक में अंग्रेजी मेरा विषय नहीं था मैं यूँ ही अपनी अंग्रेजी को ठीक करने में लगी थी तो मेरे अंग्रेजी के शिक्षक श्री धर्मेंद्र सर जो प्रायः मेरा उत्साह बढ़ाते रहते थे कहते थे "मुझे तुम पर पूरा विश्वास है, तुम जो सोचती हो उसे एक दिन मैं पूरा होते हुए देख पा रहा हूँ" पता नहीं एक छोटे से गाँव में रहने वाली उस लड़की के अंदर उन्हें क्या प्रतिभा दिखाई देती थी ये तो वही बता सकते हैं। ठीक ऐसे ही मेरे हिंदी के शिक्षक श्री पवन सर जिनके काव्य ज्ञान ने मुझे बहुत अधिक प्रभावित किया, सर की कक्षा जादुई होती थी आपको विश्वास नहीं होगा अगर मैं कहूँ कि उनकी कक्षा में जिनका विषय हिंदी नहीं होता था वो भी आकर बैठते थे, शायद अपने द्वारा चुने विषय में भी उतना

मन नहीं लगाते होंगे। सर! आप लोग बस ऐसे ही मेरे जैसे अन्य विद्यार्थियों को विश्वास और प्रेरणा देते रहें मेरी ईश्वर से यही कामना है।

1. जन्मों का वादा

चलो, मैं तुमको भूल जाती हूँ
लगा लो दिल जिससे चाहो,
मैं धरती बन के रह जाऊँगी
बस कह देना कि तुम मेरे आसमाँ हो।

ग़नीमत है कि अब तक न मिल पाए मुझसे
ग़र हो जाता सामना तो कहते,
"करना पड़ेगा वादा जन्मो-जनम का
न करो मोहब्बत इतनी भी शिद्दत से"

दिन, महीने, फिर साल गुज़रते गए
दशकों का सफ़र सदियों सा लगने लगा,
मौत भी आकर यूँ ही चली जाती है
यही होता है जब जीवन में अंधियारे हों,
इश्क़ के मारे, प्रेम में हारे हों।

कौन है तू? अक्सर ये सोचती हूँ,
बेकार, बकवास तनहाई भरी रातों में,
तू मेरा चैन-ओ-सुकूँ या दर्द की गहराई है?
क़िस्मत, बदक़िस्मती या मेरे हृदय में छुपे

ना मिलने वाले प्रेम की परछाई है?

मैं तो करती रहूँगी मोहब्बत उम्र भर,
साथ देना हो तो आ जाना,
अरमानों की डोरी थाम कर बैठी रहूँगी,
क्योंकि प्रेम सिर्फ़ हृदय में नहीं,
मेरे रोम-रोम में है
वैसे ना आना चाहो, तो भी कोई गिला न होगा।

चलो जाने देती हूँ, कहीं और दिल लगा लो,
पर ये सिर्फ़ इस बार के लिए है,
देना पड़ेगा वादा जाने से पहले
अगले छः जन्मों का,
पलक झपकते ही कट जाएगी ज़िन्दगी,
न्यौछावर कर देना एक जनम छः जन्मों पे,
कोई घाटे का सौदा थोड़ी है!

2. इश्क़

रवि कार्यालय में बैठा है, ठीक लंच से पहले का समय और सामने वाले डेस्क पर आँचल अपने कम्प्यूटर पर काम कर रही है, रवि उसे प्यार से देखते हुए सोच रहा है -

तुझे ख़ुद में समेट लूँ
या तेरे अंदर समा जाऊँ?
जहाँ मिले तुझे सुकून, बता,
वो अंक कहाँ से लाऊँ?

मेरे भीतर की ज्वाला ने देखा
तेरे अंदर इक चिंगारी,
जो तेरी चिंगारी भड़काए, बता
वो आग कहाँ मैं पाऊँ?

जब लग ही गई है दोनों तरफ़
तो बुझाने में क्या हर्ज़ है?
माने तो ठीक, ना माने तो बता,
मैं सच को कितना छुपाऊँ?

शोख़ हैं, चंचल हैं, हसीन हैं

क़ातिलाना हैं ये अदायें,
इशारों में ही सही एक बार जता
इन अदाओं पे मैं नज़्म हज़ार ढाऊँ।

लब ख़ामोश से दिखते हैं,
पर आँखों में अंगार सा,
रोज़ हज़ार बार मर के जीना
कहते हैं किसे, आ तुझे भी सिखाऊँ

मिलते कभी फ़ुरसत से
तसल्ली से दीदार करते,
तेरी दीवार ओ खिड़की बन गये हमराज़
सोचता हूँ कैसे तुझे, "हमराज़" बनाऊँ।

बीच-बीच में कनखियों से रवि को देखती आँचल को भी रवि की भावनाओं का पूरा एहसास है और कुछ ऐसा ही हाल उसका भी है -

तेरी साँसों की लय में खुद को
मैं यूँ ही कहीं बहने दूँ,
तेरे ख़्वाबों की छाँव-तले
अपनी हर शाम रहने दूँ।

जो लफ़्ज़ अधूरे रह जाते हैं
तेरी ख़ामोशी के किनारे,
उनमें अपनी रूह मिला कर
मैं हर एहसास को गुनगुनाऊँ।

तेरे नाम की हल्की सी आहट
जब दिल के दर पे आए,
मैं बनकर धड़कन तेरी
हर धड़कन में खुद को बसाऊँ।

ये इश्क़ नहीं, बस एक लम्हा है
जो गुज़र के मिट जाएगा,
ये वो दरिया है जिसमें डूबकर
हर बार नया जनम मैं पाऊँ।

ग़र तू साथ हो तो अंधेरों में भी
रोशनी सी उतर आती है,
तू दूर रहे तो महफ़िल में भी
मैं तन्हाई से भर जाऊँ।

अब और क्या कहूँ इस दिल का
हर राज़ तुझी से जुड़ा है,
तू हाँ कह दे बस एक दफ़ा
तो खुद को मुकम्मल मैं पाऊँ।

3. समझे जाने की चाह

इन बरसों में मैंने
इंतज़ार को ही अपना हमराज़ बना लिया है,
हर मौसम से तुम्हारा हाल पूछती हूँ,
हर बादल में तुम्हारी परछाईं टटोलती हूँ।

जब भी पहली बारिश की बूँद
मेरे आँगन में गिरती है,
ऐसा लगता है
कि तुम्हारे कदमों की आहट है,
पर हर बार धोख़ा ही मिलता है,
जैसे भीगी ज़मीन पर
किसी ने नाम लिखकर मिटा दिया हो।

तुम्हारे जाने के बाद,
बरसात सिर्फ़ मौसम नहीं रही,
एक अधूरी कहानी बन गई है
जिसमें नहाती तो मैं हूँ,
पर भीगता तुम्हारा ख़्याल है।

कभी-कभी सोचती हूँ,

क्या तुम्हें भी याद आता है वो दिन,
जब बारिश ने हमें
एक ही छतरी में समेट लिया था,
और मैंने चुपके से
तुम्हारी धड़कनों को सुना था,
या वह भी बस मेरी ही कहानी है?

यहाँ हर साल अमलतास खिलता है,
पर उसकी पीली छाँव में
अब तुम्हारी हँसी नहीं उतरती,
बस एक ख़ालीपन है
जो हर फूल के साथ और गहरा जाता है।

मैंने कई बार चाहा
कि इस इंतज़ार को भी,
किसी पुराने कपड़े की तरह उतार फेंकूँ,
पर ये तो मेरी रूह में उतर चुका है
तुम्हारी तरह- चुपचाप, गहरा, अडिग।

अबकी जब आना,
तो यूँ मत गुज़र जाना
जैसे कोई अजनबी रास्ता काटता है।
थोड़ा ठहरना...
मेरी आँखों में उतरकर देखना
कि कितनी बरसातें गुज़र चुकी हैं,
तुम्हें ढूँढते-ढूँढते।

और अगर फिर भी जल्दी हो तुम्हें,
तो कम से कम इतना कर जाना
कि जाते-जाते
एक बार मुझे पूरा देखने देना,
ताकि अगली बरसात तक
मैं उसी एक नज़र में
अपना पूरा साल गुज़ार सकूँ।

अबकि जब आना
तो सिर्फ़ बारिश बनकर मत आना,
मेरे अधूरे मौसम बनकर आना,
क्योंकि मैं आज भी
उसी पहली बूँद की तरह
तुम्हारे नाम पर ठहरी हुई हूँ।

4. मेरा हिंद किसी की जागीर नहीं

वो नशे में, ना तू नशे में है,
बोल तेरे लब रहे,
समझ रहा ना कोई,
सब नशे में हैं, सब नशे में हैं।
हालात हैं के जज़्ब ये,
होती रहीं गुस्ताखियाँ,
बार-बार बार-बार,
हुए लाखों हज़ार बार,
समझ सके तो अपना मान,
देश मेरा भी है, तेरा भी,
ना समझ आए तो,
अपशब्द डाल,
अपने पित्र के कान में।
हिंद मेरा हिंद है, ये तेरा भी,
किसी के बाप की जागीर नहीं।

लड़ता रह गया था पहले,
आज भी, है भिड़ रहा,
अपना लिबास छोड़ के,
लबादा किसका, ओढ़ रहा,

तू जानता है ?
तू जानता है कौन है तू?
शालिवाहन, कफ़ूर, विवेकानंद का
अंश है, तू अंश है
राम कृष्ण परमहंस का,
गार्गी आर्यभट्ट रमन का है तू,
प्रताप, देवल लक्ष्मीबाई
चेनम्मा कर्णावती दुर्गावती,
सोने की, वो चिड़ियाँ तेरी
कादंबरी थी जिसमें रही,
भगत आज़ाद और
देश है कलाम का,
हिंद मेरा हिंद है, ये तेरा भी
किसी के बाप की जागीर नहीं।

देश का जवान, सीना तान,
जान ले कर हथेली पर,
तेरे लिए, ख़ुद को मिटा रहा,
तू बनेगा शास्त्री, मदन मोहन लाजपत,
दिनकर बोस या दारा मिल्खा उषा मैरीकॉम
राम कृष्ण हरिश्चंद्र संभव कहाँ अब,
और कुछ, ना बन सका तो
बन ही जाना, खालिस मनुज,
अगर समझ सका, ज़रा सी पीर भी,
तो ऊँचा कितना भी हो, पर्वत पिघल जाएगा
हिंद मेरा हिंद है, ये तेरा भी
किसी के बाप की जागीर नहीं

हिम का है कर्म, जमे रहना,
पर तू, उसी को पिघला रहा,
अपनी ऐयाशियों में डूबा, धरती नरक बना रहा,
मोमबत्तियाँ दिखा, परदरसनी के नाम पर,
बसों वाहनों को, जला रहा
ज़िम्मेदारियों से पल्ला झाड़,
सबसे बड़ा द्रोही ख़ुद है,
तू ही सब, नरक मचा रहा
उठ खड़े हो, कस ले कमर
भीतर शैतान को सुला, इंसान को जगा
ख़ुद को अनुशासित कर,
पूरा जग ख़ुद ही, सुधर जाएगा
हिंद मेरा हिंद है, ये तेरा भी
किसी के बाप की जागीर नहीं।

5. मैं तुम और समंदर

बड़ी नीरस सी लगने लगी है ज़िंदगी
काश! कि तुम आते,
थोड़ा मन को बहलाते
भले ही कुछ दिन रुक कर-
ये दिल तोड़ जाते
पर फिर से आ जाते।

काश की तुम अभी आते!
अभी मतलब... अभी,
ये दिन ढलने के पहले आते,
कि दिन के उजाले में
मैं मन भर के निहारती तुमको।
सिंदूरी साँझ में
दमकता है कितना रूप तुम्हारा!
समंदर किनारे रखे
छोटी-छोटी शिलाओं पर बैठे,
हम दोनों में से बस मैं,
एकटक निहारती तुमको

बड़ी अजीब बात है समंदर के साथ भी,

इसकी लहरें हलचल के साथ
सन्नाटा लिए आती हैं,
जो मेरे भीतर बड़ी गहराई से
पसर जाता है
और उस पसरे हुए सन्नाटे में,
मैं कई बार सोचती हूँ
कि ये जीता कैसे है?
अगर ये कोई मनुष्य होता
तो क्या इतनी हलचल के बाद भी
इस सुकून से जी पाता?
वही सुकून,
जो लाखों-करोड़ों पास आकर,
पाने की ख्वाहिश रखते हैं

ख़ैर उतनी, या उससे ज़्यादा हलचल
तो तुम्हारी इस प्रेयसी में भी है,
क्योंकि तुम ना हो कर भी हो,
मेरे इस अंतर्मन में,
मेरे जीवन के इस हलचल के कारक हो।

6. चलो चलें

कस लो कमर, खोल के नज़र
निकलें हम बदलाव की गंगा बहाने
आ जाओ मित्रों, आ जाओ यारों
मिलकर के अब हमको है यहाँ, जादू चलाने
चलो चलें, चलो चलें ऐसा हम इतिहास बनाने,
चलो चलें, चलो चलें सोने की चिड़ियाँ वापस लाने

चलो चलें, चलो चलें

गिर के उठे हैं, चलेंगे संभलकर
रुकेंगे नहीं, अब उड़ेंगे गगन पर,
देश है अपना, जान लगा देंगे
अपनी है नियत साफ़ दिखा देंगे,
अंधेरा मचा था, दीप है जलाने को
सूर्य वाला तेज़ लायें रौशनी बढ़ाने को,
मेहनत की हम अब, बाढ़ लगा देंगे
विश्व में अपना, परचम लहरा देंगे

चलो चलें, चलो चलें

कस लो क़मर, खोल के नज़र
निकलें हम बदलाव की गंगा बहाने,
आ जाओ मित्रों, आ जाओ यारों
मिलकर के अब हमको, है यहाँ जादू चलाने

चलो चलें-चलो चलें, ऐसा हम इतिहास बनाने,
चलो चलें-चलो चलें, सोने की चिड़ियाँ वापस लाने।

7. अहम्

तू ख़ामोश न रह
मैं घर छोड़ दूँ,

तू दरिया तो बन
मैं रूख मोड़ दूँ,

रौशनी हुयी फीकी
मैं तेरी रूह ओढ़ लूँ,

मैं चाँद नहीं, पर
मुझसे ही चमकता है,

बात बात में यूँ ही
मुझपे भड़कता है,

तेरा भरम, तू ही सब कुछ
मैं आज ये तोड़ दूँ,

जा तू भी, करना ना याद
जी ले जीवन कर मुझे बरबाद,

ना आना कभी मेरे पास
भूल थी कर देना मुझे माफ़,

मैं थी अनचाहा मेहमान
आ ये कच्चा घड़ा तोड़ दूँ,

तू तेरी दुनिया सजा
पर मुझको ना रूला,

लौट कर ना आना, वरना
तिल तिल पछतायेगा

फूलों के बीज न बोये, तो
कांटे ही पाएगा

तू तेरे अहम् सम्भाल
मैं मेरे बिखरे अहम् जोड़ लूँ !

8. मोहब्बत यहाँ है

ये बाहों के घेरे तुम्हारे लिए हैं,
बदन पे श्रृंगार ये तुम्हारे लिए है।

कैसे मैं भर लूँ, ग़ैरों को नज़र में,
जो पलक पे सितारे तुम्हारे लिए हैं।

मोहब्बत भी ना जाने, क्या ग़ुल खिलाए,
है जब तक ज़मीं, मेरा आसमाँ तुम्हारे लिए है।

कह दो तो हाँ मानू, कह दो तो ना है,
धड़कनों में छुपा लूँ जो दास्ताँ तुम्हारे लिए है।

किससे कहूँ दफ़न सीने में बरसों से पड़े हैं,
ना है सुनने वाला कोई, राज़ जो तुम्हारे लिए है।

तुम मिलो तो बयाँ कर, कर लूँगी राज़ी,
जो हर्फ़ सीने में तुम्हारे लिए हैं।

बात निकली है और यूँ ही निकलती रहेगी,
ज़माने को पता है, मेरे हर जज़्बात तुम्हारे लिए हैं।

ना होना दुखी या मुझसे ख़फ़ा, क्योंकि,
कइयों को नसीब नहीं, जो इश्क़ तुम्हारे लिए है।

तुम मान जाते तो थोड़ा सा बताती, ज़ियादा छुपाती,
अपनी ही नज़र से बचाती, जो मुहब्बत तुम्हारे लिए है।

कभी नख़रे दिखाती, कभी शरमाती जो तुम साथ देते,
जीवन समर्पित कर देती तुमको, ये जीवन बस तुम्हारे लिए है।

9. बेचारगी

तुम्हे सोचना और गुम जाना
तुम्हे याद कर फिर भूल जाना,
एक अजीब सी
छटपटाहट पैदा करते हैं।

तुम्हारे होने के पहले
और तुम्हे खोने के बाद
वाले ख़ालीपन को भी,
कुरेदा करते हैं।

तुम्हारे आने की ख़ुशी
मुकम्मल होती नहीं,
कि जाने का ग़म पसर जाता
इसी बीच आलिंगन
और आग़ोश झगड़ पड़ते।

सीमाएँ नहीं रखीं तुमने
पर मेरा एक दायरा बन गया
फिर क्या, नज़रें मिलते ही,
देह के कोने में कहीं,

नश्तर सा चुभता रहता है।

ये जो निःशब्द होने की
लाचारगी है,
ख़ुद को व्यक्त ना कर पाने की
बेचारगी है,
मज़ाल है जो तुम भी समझने का
दिखावा ही कर लो।

जब-जब मेरी चुभन पर
पाँव रख कर निकलती हो
मानिंद बिजली के,
सिर से पाँव तक
मेरे भीतर खड़कती हो।

कई मर्तबा,ये उड़ती निगाहें
सराबोर कर देती हैं
ख़ून से,
और मैं दरिया समझ तैरता रहता हूँ
आख़री बूँद तक।

हर दफ़ा जिस्म के भीतर से आने को
मजबूर होती है ये हूक
हलक तक आ
वापस लौट जाती है
शायद तुम्हारी नौकरी बजाने
और मुझ पर सितम ढाने का

ये तरीक़ा होगा।

सुनो!
यूँ ग़ैर वज़हदार नयनों से
ना निहारा करो,
एक ही तो जीवन है,
ख़तम कर दो क़िस्सा एक बार में,
यूँ बार-बार निगाहों से
ना मारा करो।

रोग भयंकर लग गया है,
हकीमों ने भी
झाड़ लिए हैं पल्ले,
जीवन की उम्मीद बस इसी शर्त पर है,
कि एक निहायत ही निजी
गुलाबी ज़ाम
मेरे पैमाने से,
टकराई जाए।

देख लो, सोच कर समझ लो
अच्छे से,
क्या पता, तुम्हारी कूव्वत से
एक मुर्दे में जान उतारी जाए।

10. मैं नारी हूँ

"मैं, नारी हूँ"
बचपन से जिसकी ख़ातिर
अपनी खुशियाँ मैं वारी हूँ,
आज वो भाई लगाए पाबन्दियाँ
निगाहों में उसके मैं "बेचारी"
कमज़ोर, कन्या सुकुमारी हूँ,
मैं नारी हूँ!

मैं वही नारी हूँ जो
पिता की मर्यादा की ख़ातिर,
तज अपने प्रियतम को,
पिय के महल में
जीवन बसर को, गुनहग़ारी हूँ,
मैं नारी हूँ !

मैं ऐसी नारी हूँ
जो अपने सपूत के हर अनर्थ को
लड़कपन समझ, जीवन में,
उजियारे की बलिहारी हूँ,
वो सपूत जो मेरे जीवन को बना दे धुंधमय

उसी पे मैं अपना जीवन, हारी हूँ,
मैं नारी हूँ !

एक ऐसी नारी
जो ख़ुद को झुका देती है
परिवार की उन्नति के लिए,
कभी पिता तो कभी भाई
कभी पति तो कभी पुत्र के लिए,
यही मेरे सपने हैं और
इन्ही सपनों की खातिर, कर बैठी,
अपनी दुनिया अंधियारी हूँ,
मैं नारी हूँ!

हर पल जी-जी कर मरती
और सब कहते
मैं "लक्ष्मी कल्याणकारी" हूँ
अरे, मैं कैसी नारी हूँ,
हाँ, मैं ऐसी ही नारी हूँ!

11. मेरा भारत महान है !

प्रिय प्रतीक भाई,

आजकल मकान दर मकान सटता जा रहा है
ईमान दर ईमान घटता जा रहा है,
लोग जीने लगे हैं अपने स्वार्थ के लिए
"लड़ाओ और खाओ" नेताओं की यही बान है,
फिर भी "मेरा भारत महान है!"

ईमान घटने लगे हैं
बेईमान बढ़ने लगे हैं,
चापलूसी में ही अपनी शान है
सौ में से निन्यानवे बेईमान हैं,
फिर भी "मेरा भारत महान है!"

ये आज के युवा, भारत माँ के लाल
विलासिता ही है इनके जीवन की आन,
ना रही वो गरमी इनके जिगर के लहू में
नहीं है वो जोश जो देश पर हों कुर्बान,
चंद सिक्कों की खातिर उनके हाथों में
आतंकवाद की कमान है,

फिर भी "मेरा भारत महान है!"

क्या डॉक्टर, क्या मास्टर, क्या इंजीनियर
क्या पुलिस, जज हो या कोई खेलों की दुनिया,
हर जगह बर्बरता और भ्रष्टाचार है
क्या इसे मिटा सकता है कोई?
वही सोने की चिड़ियाँ ला सकता है कोई?
इस काम में एक नहीं, अनेकों की दरकार है,
मेरी आवाज़ बहुत धीमी है
जो सुन सके किसी के इतने लंबे कान हैं?
या इंसानियत की ढल चुकी शाम है,
वाक़ई, “मेरा भारत महान है”

- आपकी बहन “दीपमाला”

12. जीत की हार

युद्ध में हार के हारा
युद्ध को जीत के हारा,
संसार के सार के कर टुकड़े
नरभक्षों को खिला डाला,
जीवन मरण लगा ही रहेगा
आदि अंत सम्हारेंगे शिव,
तुझे किसने ये कार्यभार दे डाला
सोच ले इंसा तूने
धरित्री को बना क्या डाला।

युद्ध जो जीते तूने
फिर क्यों घूमे हारा,
पूछ ले ख़ुद से पहले
"हृदय" जीते कितने,
खून बहाए, लाशें बिछाई
आसमान का सीना चीर
पृथ्वी का आँचल तूने है फाड़ा,
सोच ले इंसा तूने
धरित्री को बना क्या डाला।

तू जीता नहीं, हार के आया है
सब कुछ तार-तार के आया है,
जो जीता था वो तो अब है हारा
सोच, क्या है तेरा किनारा,
ना तू उत्तर है ना प्रत्युत्तर है
अहंकार को जीत समझ
अनबूझा प्रश्नोत्तर पाला,
सोच ले इंसा तूने
धरित्री को बना क्या डाला।

सभ्यता के दीप बुझाकर
राख में मनुजता को जला डाला,
धधकते शहर, जलते घर,
माँओं की गोदें उजाड़ी
वीरों की चिताओं पर
झूठी विजय का ताज सजाया,
नदियाँ लाल हुई बहते रक्त से
धुएँ ने सूरज को ढंक डाला,
ज़िंदा लोग भी मर से गए
हर चेहरे पर सन्नाटा पाला,
सोच ले, इंसा तूने
धरित्री को बना क्या डाला।

युद्ध की भयावहता तो देख
कटे हाथ, कटी टाँगे,
आँखों से रिसते ख़ून
सैनिकों के परखच्चे उड़े,

पल भर पहले जो थे खड़े
वो भी लड़ रही थी अपनी लड़ाई
काँख में बच्चे को दबाये,
तीर उसकी कोख में घुसी
गिर गया दुश्मन खेमे का
बिलबिलाता लल्ला,
सोच ले इंसा तूने
धरित्री को बना क्या डाला।

13. अधूरी मोहब्बत

नज़रें मिलने की देर थी कि
पलकें लजाकर झुकने लगीं,
शाम की आहट भर थी कि
रात चाँदनी में सिसकने लगी,
तुम्हारे आने से पहले ही
घटाओं ने किया ये फैसला था,
छलके आँखों से आँसू ख़ुशी के
कि बरसात होने लगी।

आँखों से जो छलके, वो सिर्फ़ अश्क़ नहीं थे
दिल ने ख़ुशी से सराबोर अल्फ़ाज़ कर दिया,
जिन्हें बरसात ने अपनी बाहों में लेकर
मौसम-ए-इश्क़ का आग़ाज़ कर दिया,
ख़्वाबों में जो तुम्हें छुआ था कभी,
अब वही हक़ीक़त की तरह धड़कने लगा है,
जिस दिन से तुम मिले हो मुझे
हर अनजाना लम्हा भी सपना बनने लगा है।

मगर ये दुनिया...
ये दुनिया राह में दीवार बन खड़ी है,

तुम तक पहुँचने की हर कोशिश
बदनामी की आंधी में बिखरी पड़ी है,
न तुम ग़लत, न मैं ग़लत
ये फ़ासले ही जैसे क़ुसूरवार हैं,
हर मोड़ पर मिलती हैं नज़रें सवालों से,
और जवाब सब लाचार हैं।

बस एक आरज़ू है, ऐ मेरे सनम!
कि वक़्त कभी ठहर जाए,
और भीड़ भरी इस दुनिया में
तुमसे एक तन्हा मुलाक़ात हो जाए,
जहाँ न कोई डर हो, न कोई इल्ज़ाम,
सिर्फ़ तुम हो... और मेरा नाम।

14. इश्क़ की परछाई

मेरे दीवानेपन को समझो ना तुम बेबसी,
ना मैं लड़का ऐसा वैसा, ना तुम लड़की ऐसी वैसी।

मेरी चाहत को समझो ना तुम कोई सस्ती सी ख़ुशी,
ना मैं लफ़्ज़ ऐसा वैसा, ना तुम कहानी ऐसी वैसी।

मेरे जज़्बात को समझो ना तुम कोई हल्की सी हँसी,
ना मैं सपना ऐसा वैसा, ना तुम हक़ीक़त ऐसी वैसी।

मेरी नज़रों को समझो ना तुम कोई गुज़रती सी नज़र,
ना मैं मंज़िल ऐसा वैसा, ना तुम मुसाफ़िर ऐसी वैसी।

मेरे इश्क़ को समझो ना तुम पल दो पल की ख़ुशी,
ना मैं दरिया ऐसा वैसा, ना तुम लहरें ऐसी वैसी।

मेरे दिल की धड़कन को समझो ना कोई बेवजह सी सदा,
ना मैं नग़्मा ऐसा वैसा, ना तुम सरगम ऐसी वैसी।

मेरी खामोशी को समझो ना तुम कोई अधूरी सी बात,
ना मैं अल्फ़ाज़ ऐसा वैसा, ना तुम ज़ुबां ऐसी वैसी।

मेरे साथ चलो तो समझोगी तुम ये रिश्ता क्या है,
ना मैं किस्सा ऐसा वैसा, ना तुम दास्तां ऐसी वैसी।

मेरी रूह की सच्चाई को समझो ना तुम कोई परछाईं,
ना मैं आईना ऐसा वैसा, ना तुम तस्वीर ऐसी वैसी।

मेरी वफ़ाओं को समझो ना तुम कोई आदत पुरानी सी,
ना मैं इरादा ऐसा वैसा, ना तुम ताबीर ऐसी वैसी।

मेरे ख्वाबों को समझो ना तुम कोई रंगहीन सी दुनिया,
ना मैं रंग ऐसा वैसा, ना तुम रंगत ऐसी वैसी।

मेरी बातों को समझो ना तुम कोई लफ़्ज़ों की बाज़ी,
ना मैं एहसास ऐसा वैसा, ना तुम नज़्में ऐसी वैसी।

मेरे दिल के शहर को समझो ना तुम कोई वीरान गली,
ना मैं बस्ती ऐसा वैसा, ना तुम रौनक ऐसी वैसी।

मेरी मोहब्बत को समझो ना तुम कोई किस्सा अधूरा,
ना मैं अंजाम ऐसा वैसा, ना तुम शुरुआत ऐसी वैसी।

15. धूप में भीगी चाँदनी

मुझे बस इतने से काम पर रख लो,
जब भी गले में झूलता लॉकेट तुम्हारा, उल्टा हो जाए,
मैं अपनी उँगलियों से उसे, सीधा करता रहूँ।

जब भी किसी गलियारे के अक्खड़पन से तुम्हें ठोकर लगे,
मैं घंटों तुम्हारे पैरों पे, मरहम को लगाता रहूँ।

जब तुम्हारी आँखों में कोई अनकही सी थकान उतर आए,
मैं अपनी बातों से उन्हें, हल्का करता रहूँ।

जब बाल तुम्हारे हवा से उलझकर चेहरे पर बिखर जाएं,
मैं चुपके से उन्हें कानों के पीछे, सुलझाता रहूँ।

मुझे बस इतने से काम पर रख लो,
जब तुम खामोशी में खुद को छुपाने लगो,
मैं बिना पूछे तुम्हें, महसूस करता रहूँ।

जब दुनिया अपने शोर में तुम्हें खोने लगे,
मैं तुम्हारे लिए एक सुकून सा कोना, बनता रहूँ।

जब सुबह की चाय में तुम्हारा मन फीका पड़ जाए,
मैं अपने हँसी के दो चम्मच उसमें, घोलता रहूँ।

मुझे बस इतने से काम पर रख लो,
कि जब दिन की भागदौड़ तुम्हें थका कर चूर कर दे,
मैं शाम बनकर तुम्हारे पास, ठहरता रहूँ।

जब सपनों की राहों में धुंध उतर आए,
मैं तुम्हारा हाथ थामे रास्ता, दिखाता रहूँ।

जब तुम खुद से ही कभी रूठ जाओ,
मैं तुम्हें तुम्हारी ही नज़रों में, मनाता रहूँ,

बस इतने से काम पर रख लो,
कि जब हार के पल तुम्हें तोड़ने लगें,
मैं यकीन बनकर तुम्हारे भीतर, जगता रहूँ,

जब यादों की बारिश तुम्हें भिगोने लगे,
मैं छत बनकर तुम्हारे सिर को, ढकता रहूँ,

जब उम्र की किताब में कुछ पन्ने पीले पड़ जाएँ,
मैं हर लम्हे में नया रंग, भरता रहूँ,

मुझे बस इतने से काम पर रख लो,
कि तुम्हारे हर मौसम में
मैं एक आदत, एक राहत, एक साथ बनकर
तुम्हारे साथ, चलता रहूँ।

16. काग़ज़ की कश्ती

कुछ भूली बिसरी चिट्ठियों के पन्ने मिले हैं,
पढ़ने पर पता चला कि
इनमे वो सपने भी हैं जिन्हें हम
कॉपी से फाड़े पन्ने की नाँव गढ़
चींटे को खेवईया बना कर,
बारिश की पानी में दूर तक
जाते हुए निहारा करते थे,
डर होता तो इस बात का, कि
कहीं किसी ढेले सरीखे ईंट से टकरा कर
वो नईया पलट ना जाए या फिर,
बित्ते भर गहरे गड्ढे में गिर कर डूब जाने से
हम जीतने के बदले हार ना जाएँ,
वहाँ हार में भी जीत थी
और जीत में बिस्कुट की पार्टी
जी हाँ "बिस्कुट" की।

वैसे आमतौर पर डूबने-वूबने जैसी
बात, नहीं होती थी
अनिश्चितता भरे डगर में भी,
सफलता निश्चित होती थी

और पलकें तब-तक निहारती रहतीं उस दस्ते को
जब तक वह कौतूहल भरे नयनों से
ओझल ना हो जाएँ,
जी हाँ "दस्ता", मने बाक़ी लँगोटियों और
उनके छोटे से लेकर विशालकाय
जहाज़ों के दस्ते को
कैसे भूलाया जा सकता था।

ख़ैर, अब तो बिना नाँव के ही सपने डूब जाते हैं,
और उन्ही लँगोटियों सरीखों से
दुनियावी प्रतिस्पर्धा के कारण
कभी आगे तो कभी बहुत पीछे छूट जाते हैं,
एक समय था जब हम
नौका के मालिक हुआ करते थे
पर अब तो सपनो में भी नाव नहीं आते।
और अगर कभी गलती से आ भी गए तो
टाईटेनिक से नीचे का तो संभव ही नही
उसमें सबकुछ होता है क्लब, पब, पूल
खाना-पीना, मस्ती, सबकुछ
नहीं होती तो बस काग़ज़ की वो ख़ुशबू,
जिसे हम सावन की बरसात में
कश्ती बना कर छोड़ते
और पानी की बूँदों में वो ख़ुशबू समा कर
ना जाने कितनो को आह्लादित-आनंदित करती,
फिर आख़िर में हिचकोले से थककर
बरसात के पानी में समा जाती।

17. मैं तुम्हारे किस काम आ सकता हूँ?

काश कि तुम अपनी सोच को
थोड़ा और रगड़ कर साफ़ कर लेते,
अहं के धुंधले धब्बों को मिटाकर
मन का आईना पारदर्शी कर लेते।

वो जो तुमने दूसरों के फटे में
अपनी सोच का पैबंद लगाया था,
उसे नोच कर फेंक देते
और एक बार बस इतना पूछ लेते,
“मैं तुम्हारे किस काम आ सकता हूँ?”

चलो मान लिया कि तुम किसी काम के नहीं,
तो क्या हुआ
कम से कम संवेदनाएँ ही साझा कर लेते,
किसी की खामोशी में छिपे शोर को
अपने भीतर जगह दे देते।

तुम्हारे शब्दों में तंज़ कम होता,
थोड़ी सी ऊष्मा बढ़ जाती,

किसी की बिखरती हिम्मत को
तुम्हारी एक स्वीकृति थाम जाती।

कभी अपने होने का अर्थ
दूसरों की दृष्टि से भी समझते,
सलाह देने से पहले
उनके घावों की गहराई को परखते।

मानव होना केवल विचार नहीं है,
अनुभूति का विस्तार भी है,
हर सत्य को कह देना साहस नहीं
कभी मौन रह जाना भी एक संस्कार है।

काश तुम समझ पाते
हर कमी पर उंगली उठाना आवश्यक नहीं,
कभी किसी के साथ खड़े रहना ही
सबसे सार्थक उत्तर होता है।

और यदि कुछ कर न सको,
तो कम से कम इतना तो करो
किसी के दुःख पर अपने विचारों का
अतिरिक्त बोझ मत रखो।

क्योंकि मनुष्य की असली पहचान
उसकी बुद्धि से नहीं, करुणा से होती है,
और हर टूटे हुए हृदय को
सबसे पहले आवश्यकता होती है

समझे जाने की।

18. मैं कौन हूँ?

कहाँ से मैं आया हूँ,
कहाँ को जा रहा,
इस भीड़ भरी दुनिया में
खुद को ही खो रहा।

कहाँ पर मैं ठहरा हूँ,
कहाँ मेरी राह है,
अंतर्मन में छुपा है जो
क्या वो ही मेरी चाह है?

किसे मैं ढूँढता फिरूँ,
किसके पीछे भागूँ मैं,
हर चेहरे में एक साया है,
किसको अपना मानूँ मैं।

ख़ूबसूरत हसीनाएँ हैं,
मोहक सी हर अदा,
पर दिल के इस सूनेपन को
कौन भरेगा भला?

पर्वत का मैं पानी हूँ,
या बारिश की बूँद कहीं,
हवाओं में बिखरा सा,
या ठहरी हुई धुंध यहीं।

नदी की एक रेखा हूँ,
सागर को तरसते हुए,
या रेत पर लिखा सपना,
लहरों से डरते हुए।

नज़रों से क्यों चीरते हो,
बातों से फाड़ते हो,
जो हूँ मैं, उसे समझो,
क्यों इतना टटोलते हो?

क्या मैं वो नहीं हूँ,
जो तेरे दिल में बसा?
या मैं सिर्फ़ एक साया तुझसा,
जिसे तूने खुद है रचा।

दिल से सैलाब बहा कर,
आँसू में डूब रहा,
हर जज़्बा जैसे खाली होकर
ख़ामोशी में घुल रहा।

रातों की तन्हाई में,
खुद से ही बात करूँ,

हर सवाल के आईने में
अपनी ही ज़ात देखूँ।

शायद मैं प्रेम में हूँ,
या बस एक भ्रम को जी रहा,
किसी की याद के साये में
अपना ही नाम भूल रहा।

मैं कौन हूँ, क्या हूँ मैं,
ये रहस्य अधूरा है,
जीवन एक कहानी है,
जिसका अंत भी धुँधला सा पूरा है।

शायद जवाब नहीं मिलता,
बस तलाश चलती रहती है,
इंसान रूपी नदी खुद की खोज में
ज़िंदगी भर बहती रहती है।

19. अटरिया से झाकूँ

कोयल बनी पर बिरह मैं गाऊँ
बिरहन बनू कि जोगन कहाऊँ,
अटरिया से झांकू, चदरिया हटाऊँ
बालम ना आए कासे बताऊँ।

राज़ जिया का खोले खुले ना
ताले की चाभी मो को मिले ना,
दिन कटते ना कटती हैं सझियाँ
निंदिया को रात भर लोरी सुनाऊँ।

अटरिया से झांकू, चदरिया हटाऊँ
बालम ना आए कासे बताऊँ।

चूल्हा बुझाया, अंगीठी है रोवे
धूआँ बना के पीर संजोवे,
सूनी देहरी पनघट सूना
घट में लिए प्यास जल को तरसाऊँ।

कागा बोले अमवा डारी
संग लागे ये दुनिया सारी,

परछाईं भी साथ न देवे
अपने ही साए से घबराऊँ।

अटरिया से झांकू, चदरिया हटाऊँ
बालम ना आए कासे बताऊँ।

सखियाँ साजन संग मुसकावें
मेरे नयन नीर ही बरसावें,
ईर्ष्या की चिंगारी सुलगे
मन मंदिर में आग लगाऊँ।

बिंदिया फीकी, काजल रूठा
कंगना चुप और पायल झूंठा,
सिंगार बिना सूनी अँखियाँ
दर्पण देखे तो मुख छिपाऊँ।

अटरिया से झांकू, चदरिया हटाऊँ
बालम ना आए कासे बताऊँ।

तरुवर तले जो वचन बँधाये
वो सपने काहे याद सताए,
हर एक डगर में उभरती छवि है
हर एक मोड़ पे उनको ही पाऊँ।

बरखा आई, भीगी चदरिया
भीग गए मन के सब दरिया,
बिजुरी चमके, दिल दहके

नाम पुकारूँ, स्वर भरमाऊँ।

अटरिया से झांकू, चदरिया हटाऊँ
बालम ना आए कासे बताऊँ।

कोयल बनी पर बिरह मैं गाऊँ
बिरहन बनू कि जोगन कहाऊँ,
अटरिया से झांकू, चदरिया हटाऊँ
बालम ना आए कासे बताऊँ।

20. रूह का रिश्ता

तुझसे मेरे दिन हैं, तुझसे हैं रातें
तुझसे ही सावन भादो, और सारी बरसातें,
तुझसे ही जीना मेरा, तुझपे ही मरना
तुझसे ही जान अब तो, करती हूँ बातें।

तुझसे ही महके ये फूलों की खुशबू
तुझसे ही सजती हैं दिल की ये राहें,
तेरे बिना सब सूना-सूना लागे
तू है तो रंगीन हैं, मेरी ये चाहें।

तुझसे ही धड़कन की हर इक सदा है
तुझसे ही दिल को मिली हर दुआ है
तू ही है मंज़िल, तू ही है रस्ता
तेरे सिवा अब न, कोई खता है।

तुझसे ही सपनों में उजली सी रोशनी
तुझसे ही जागे मेरी हर हँसी,
तू जो मिले तो लगे खुदा मिल गया
वरना अधूरी सी, है ये ज़िंदगी।

तुझसे ही हर लम्हा बनता कहानी
तुझसे ही चलती है मेरी रवानी,
तू साथ हो तो जहाँ भी सही है
तूम बिन लगे हर, खुशी भी वीरानी।

तुझपे ही लिखती हूँ दिल की ये बातें
तुझसे ही जुड़ी मेरी हर सौगातें,
तू ही इबादत, तू ही है सुकून
तू ही मेरी हर, खामोश इल्तिज़ा है।

तुझसे ही रोशन है आँखों का सपना
तुझसे ही दिल ने जीना है सीखा,
तू दूर भी हो तो महसूस हो जाए
जैसे हवा में, तेरा नाम लिखा है।

तुझसे ही लफ़्ज़ों को मिलती है जान
तुझसे ही गहराई, तुझसे पहचान,
तू ही मेरी हर अधूरी कहानी
तुझसे ही मुकम्मल, मेरा अरमान।

तुझसे ही सर्दी में धूप का आना
तुझसे ही वीरान दिल का मुस्कुराना,
तू है तो हर दर्द भी, गीत बन जाए
तुम बिन ये दिल भी, लगे बेगाना।

तुझसे ही हर सांस का सिलसिला है
तुझसे ही दिल का ये क़ाफ़िला है,

तू ही मेरा कल, तू ही है आज
तुझसे ही हर ख़्वाब, का आसरा है।

21. आख़िर कब-तक

भैया! नहीं भूली हूँ वो दिन
जब मुझे छेड़ा था गली में लड़के ने
छुट्टी वाले दिन,
तुमने तो मार-मार कर उसे
कर दिया था अधमरा,
कितनी किस्मत वाली हूँ मैं
भगवान को, लाखों धन्यवाद किया मैंने,
जो मुझे तुम जैसा भाई मिला।

भैया! फिर तुम और तुम्हारे दोस्त
क्यों छेड़ते हो, पीछे वाली गली की लड़कियों को?
वो भी तो हैं किसी भाई की बहना
क्या वो चाहेंगी चुप चुप के सहना,
फिर उनके भाई मारेंगे तुम्हें मिलकर
ज़रा सोचो, क्या गुज़रेगी इस बहन के दिल पर।

कैसे बताऊँ की आपके लफ़ंगे दोस्त
मुझे भी छेड़ने से बाज़ नहीं आते,
भैया! काश तुम मेरा दर्द समझ पाते
सब कहते हैं कि संगत का असर है,

अगर ऐसा है, तो इन गुंडों से दोस्ती छोड़ क्यों नहीं देते,
ये फालतू के नाते तोड़ क्यों नहीं देते।

जब बहन के लिए इतना नहीं कर पाओगे
तब कैसे सारे रिश्तों को निभाओगे,
कब-तक? आख़िर कब तक इस दलदल में फँसते रहोगे
कब तक बहनो की मर्यादा से खेलते रहोगे?
ख़ुद करके कुकर्म,
घरवालों के मुँह पर कालिख, मलते रहोगे
आख़िर कब-तक?

22. मेरा होना अभिशाप है ?

विधवा है धरा विधुर है गगन,
सूना बाबुल अँगना, वीराना पीहर
बदहाल दफ़्तर कंगाल हैं भगवन्
कुछ भी तो नहीं बिन मेरे - हे ईश्वर!
आदमी को जनती भी मैं ही
उसकी बनती भी मैं उसे बनाती भी मैं ही,
फिर क्यों तुला मुझे मिटाने पे
क्या कर लेगा तन्हा इस ज़माने में?

नहीं ऐसी हस्ती मैं जो मुझे
सदा के लिए मिटा दे,
ना हूँ कोई गलती जो सज़ा दे
फिर भी मारी जाती हूँ "बारबार"
कभी बेटे की चाहत के पीछे
तो कभी दहेज के लालच के नीचे,
कभी दुराचार की शिकार
तो कभी तेजाब की मार,
कभी अहम् के ठेस लग जाने पर
तो कभी पूर्णता बेमानी लगने पर,
और कई बार तो कोई वजह ना भी होने पर।

कहते, कपड़े बहुत छोटे हैं, ये तुम्हारी गलती है,
तुम थोड़ा ज़्यादा ही मुस्कुरा दी, ये तुम्हारी गलती है,
तुम रात को निकली ही क्यों? ये तुम्हारी गलती है,
पथरा जातीं बाबा की निगाहें
तकते तकते मेरे रस्ते पे नज़र,
कहते, “अब तो लगने लगा है डर
स्कूल जा तो रही,
लौट सलामत आ पायेगी घर?”

23. खामोश इश्क़

क्या तुमने मुझे कभी
प्यार किया है?
मेरी आँखों में जो रहता है
वैसा इंतज़ार किया है?

देख कर ही तुझको
ठहर जाती हैं धड़कनें मेरी,
क्या तुमने भी कभी यूँ ही
खुद को बेकरार किया है?

तेरे ख़यालों की भीगी राहों में
मैं हर शाम उतरती हूँ,
क्या तुमने भी सन्नाटे से
रातों को गुलज़ार किया है?

तू सामने हो तो वक्त भी
सज्दे में झुक जाता है,
क्या तुमने भी मेरी ख़ातिर
लम्हों को, पुकार किया है?

देख कर तुझे औरों के संग
मैं चुपचाप बिखर जाती हूँ,
क्या तुमने मेरे इस दर्द को
दिल से, स्वीकार किया है?

ये इश्क़ मेरा खामोशी का
एक लंबा सा अफ़साना है,
क्या तुमने भी इस कहानी में
खुद को, किरदार किया है?

अगर नहीं, तो भी सुन लो,
ये दिल तेरे ही नाम रहेगा,
मैंने हर साँस में दिलबर तुझको
अपना, इक़रार किया है।

24. तन्हाई

अभी तो तन्हाई है,
कुछ ख़्वाबों की राख तले
यादों की चिंगारी सुलगाई है,
कुछ साँसों में ठहरी ठंडी हवा
कुछ धड़कनों में ख़ामोश रुलाई है,
अभी तो तन्हाई है।

जीवन की कंटीली राहों पर
कई चेहरे धुंधले हो जाते हैं,
कुछ आँखों में चुभ जाते हैं
कुछ दिल में दीप जला जाते हैं,
कुछ ने ज़ख़्मों को और कुरेदा
कुछ ने चुपके से सहलाई है,
अभी तो पीड़ा मुझमें समाई है,
अभी तो तन्हाई है।

ओ राह के भटके मुसाफ़िर
यहाँ वक़्त ठहरा-सा लगता है,
इन पेड़ों की झुकी बाँहों में
हर दर्द बिखरता-सा लगता है,

ना शहर की कोई हलचल है
ना गाँव की कोई अंगड़ाई है,
बस तेरी धुंधली-सी सूरत
इन पलकों पे ठहर आई है,
अभी तो तन्हाई है।

कुछ ख़्वाब चाँदनी में बिखरे
कुछ रातों ने चुपचाप पिए
कुछ लम्हे रेत-से फिसले
कुछ अपने होकर भी अनबुझे रहे,
हर मोड़ पे इक सन्नाटा है
हर साँस में इक परछाई है,
अभी तो रात गहराई है
अभी तो तन्हाई है।

पर शायद किसी सवेरे में
ये धुंध भी छंट जाएगी,
इन भीगी पलकों के आँगन में
कोई धूप उतर आएगी,
तब तक इस सूने दिल ने
ख़ामोशी ही अपनाई है,
अभी तो तन्हाई है।

25. बन्नों का इंतज़ार

ओ बन्नों, ओ बन्नों
ओ बन्नों! बन्ना तेरा इंतज़ार कर रहा है।

पूरब वाले खेत के कुएँ के पास में,
बेहाल हो कर कुएँ को, बाढ़-बाढ़ कर रहा है।

ओ बन्नों, ओ बन्नों
ओ बन्नों! बन्ना तेरा इंतज़ार कर रहा है।

चुग़लख़ोर सखियाँ तेरी, हैं क़साई,
कभी मेरे काम ना आयीं, हरजायी।

अकेली तू आना, सखियों को ना लाना,
वरना ख़बर छप जाएगी कल के अख़बार में।

कैसे कैसे दिन तेरे प्यार में देखना पड़ रहा है,
ओ बन्नों, ओ बन्नों
ओ बन्नों! बन्ना तेरा इंतज़ार कर रहा है।

मंदिर वाली अंधी काकी से, बचके तू आना

थोड़ी सी आहट पे आता, उनको डंडा चलाना।

भेजने को तो भेज ही देता पापा जी का फॉर्च्यूनर,
पर शोर इतना होता, बिगड़ जाता अपना फ़्यूचर।

खेत के मुंडेर पर बैठकर, भूतियापा लग रहा है,
ओ बन्नों, ओ बन्नों
ओ बन्नों! बन्ना तेरा इंतज़ार कर रहा है।

26. तुम बेमिसाल हो

अपने हुस्न को रखना हिफ़ाज़त से,
क्योंकि आप एक बेदाग़ चाँद हो।

हम नहीं चाहते ये मरमर का ताज
कभी, पतझड़ का वीराना बाग़ हो।

ये क़ाली मदहोश निगाहें कुछ कहें हमसे,
जैसे समंदर से गहरे आशियाने में, कोई राज़ हो।

खिलखिलाए तो छलके लबों से जाम,
रोए तो मोतियों की बरसात हो।

क्या नसीब है इन चूड़ियों का जो हर-पल
रहतीं, नाज़ुक बाहों के साथ हों।

हौले-हौले मगर संभले पड़ते क़दम,
और गालों से हया का पर्दाफ़ाश हो।

नामालूम दिल में है क्या इनके,
पर बोले तो मिसरी सी मिठास हो।

और क्या कहूँ ओ जानेमन! लफ़्ज़ ही नहीं
गज़ब की, वाक़ई, तुम लाजवाब हो।

उलझ ना जाए दिल मेरा, इन घुंघराली लटों में,
सच्ची... ओ सनम, तुम बेमिसाल हो।

27. तुम कल भी मारी जाओगी

तुम कल भी मारी जाती थी
तुम कल भी मारी जाओगी,
जब तक निरादर पर,
आदर से शीश झुकाओगी।
जब तक निरादर पर
आदर से शीश झुकाओगी,
वो तो भेड़िए हैं, तमाशबीन,
उनके घर कब आग लगी,
तुम यूँ ही मरती जाओगी
जो औरों पर इतराओगी।

तुम यूँ ही मरती जाओगी
जो औरों पर इतराओगी,
अपनी दुश्मन ख़ुद हो
तुम क्या अपना साथ निभाओगी,
जो औरों पर इतराओगी
तुम यूँही मरती जाओगी।

अब सुनो
जब तुम चुप्पी को गहना समझोगी,

हर वार को किस्मत कहोगी,
अपनी ही आवाज़ को दबाकर
दूसरों की बेइज़्ज़ती सहोगी,
तब हर रोज़ जलाई जाओगी,
और राख में बदली जाओगी।

तुम्हारे हिस्से की धूप भी
तुमसे ही छीनी जाएगी,
तुम्हारी ही परछाइयों से
तुम्हें डराया जाएगा,
जब तक ख़ुद से सवाल नहीं करोगी,
तब तक यूँ ही मिटती जाओगी।

तुम कल भी मारी जाती थी
तुम कल भी मारी जाओगी।

कब तक अपने आँचल में
आँसू ही बाँधती रहोगी?
कब तक अपने ही सपनों को
खुद ही दफ़नाती रहोगी?
जो खुद से आँख मिलाओगी,
तभी कहीं बच पाओगी।

एक दिन आग बनना होगा,
अपने भीतर जलना होगा,
जो झुका है वो शीश नहीं
उसे उठाकर चलना होगा,

तभी ये सिलसिला टूटेगा,
तभी तुम जी पाओगी।

वरना सच यही रहेगा
तुम कल भी मारी जाती थी,
तुम कल भी मारी जाओगी।

28. तेरा असर

एक तरफ़ बातें तेरी
एक तरफ़ परछाइयाँ,

ना यादें धुंधली हुई
ना दिल की वो रुसवाईयाँ,

एक दिल में बस गया मेरे तू
एक दिल में हैं तन्हाइयाँ,

एक तरफ़ बातें तेरी
एक तरफ़ परछाइयाँ,

होगा इश्क़ मुकम्मल या अधूरा
क़िस्मत लिखेगी सच्चाइयाँ,

रातों की खामोशी में
तेरी ही सुनवाइयाँ,

ख़्वाबों की उन गलियों में
तेरी ही थीं अंगड़ाइयाँ,

एक तरफ़ बातें तेरी
एक तरफ़ परछाइयाँ,

छूटे लम्हों की आहट में
मैं पढ़ती तेरी रुबाईयाँ,

एक दिल तुझे पुकारे चुपके
एक दिल सहता रुसवाईयाँ,

होगा तू क़ाबिल मगर
मेरी भी कम नहीं रानाइयाँ,

एक तरफ़ बातें तेरी
एक तरफ़ परछाइयाँ।

29. आ गये साँवरिया

रंग दे मोहे तू अपने रंग में
झाँझर तू ला दे ला दे गज़रा
सुन के बटेर के बोल मैं चौकी,
अँख फड़की, ले आ गये सजना।

आ गये सजना छा गए बदरा,
आ गये सजना छा गए बदरा,
सौतन बन गये ननदी देवरा,

पिया बिना मैं बन गयी बावरिया,
उमड़ घुमड़ मन नाचे बदरिया।

आ गये साँवरिया आ गये साँवरिया,
झाँझर कंगन पहना दे साँवरिया,
गज़रा मेहंदी रचा दे साँवरिया।

तरसत रैन दुपहरी बीते,
अँखियन से लोरवा रीसे
जान निकलती जाए मोरी,
बहुत हुयी लरिकाईं तोरी

अंग अंग बेदम, होता जाए
अंग अंग बेदम, होता जाए
बैरी बालम, सोता जाए
बैरी बालम, सोता जाए

तपन ये इतनी कहाँ से पायी?
दिनकर पूछै करे ढिठाई

बाट मैं जोहूँ, खुल्ला, कपाट मैं छोड़ूँ
तिनका तिनका जोड़ बचाया
मन कागद तू स्याह चढ़ा जा,
मन कागद तू स्याह चढ़ा जा
तुझको दिखे ना लाज ना आवै
लाज ना आवै हया ना आयी,

तेरा हूँ कोई ग़ैर ना लागूँ,
चोर सरीखा काहें निहारूँ,
मन बौराया भाँग बिना ही
तोहे जो पी लिया नैना भर के,
अबकी सावन यूँ बरसेगा
फुलवारी जल मग्न हो जाए
चुनरी की तपिश बुझाए,
तपन ये इतनी कहाँ से पायी,
तपन ये इतनी कहाँ से पायी,
दिनकर पूछै करे ढिठाई।

आ गये साँवरिया आ गये साँवरिया
झाँझर कंगन पहना दे साँवरिया।

30. मोहब्बत और हैसियत

तेरे दर पर आए हैं सनम
लेकर दिल का नज़राना हम,
तेरे चरणों में समर्पित ये धड़कनें
तू चाहे ठोकर मार, या कर दें करम।

चलती है यहाँ ज़ोर-ए-आज़माइश मोहब्बत में
गुज़र जाती है ज़िंदगी अपने ही हिफ़ाज़त में,
पर मैं तो लाया हूँ, मोहब्बत भरा खुशियों का ख़ज़ाना
अपने महबूब ख़ुदा की इबादत में।

इसकी फ़िकर नहीं कि तू किसी ग़ैर का होएगा
और ये बंदा, उम्रभर तेरे इश्क़ में रोएगा,
बस एक बार प्यार से कह दे कि "मैं तेरी हूँ"
फिर तो शान से, दर्द-ए-ज़िगर दिल ढोएगा।

तेरे अफ़साने भी कम नहीं
तुझ पर मिटने वाले दीवाने भी कम नहीं ,
दिल टूट गया बदनसीब का ये पता चलते ही
कि तेरी हैसियत की बराबरी में हम नहीं।

31. दिल की तपिश

मोहब्बत के नगमें सुनाए बहुत हैं
हम भी अपने दिल को जलाए बहुत हैं,
तारीफ़ की तकल्लुफ़ नहीं कीजिएगा
अगर हो ज़िगर तो दुआ दीजिएगा,
दिल की धड़कन को धड़काए बहुत हैं
हम भी अपने दिल को जलाए बहुत हैं।

सोचा नहीं जो हमने इस जहाँ में
उसी ग़म से हमको मिलाया रब्बा ने,
समंदर की लहरों से ना मुँह मोड़िएगा
दिलवालों का दिल ना कभी तोड़िएगा,
हमने धोखे अब तक तो खाए बहुत हैं
हम भी अपने दिल को जलाए बहुत हैं।

है ये ख़ुदा क्या होती क्या ख़ुदाई
इसी नाम से तो मिली रुसवाई,
ग़म सारे जहाँ का हमें भेजिएगा
फिर सारी दुनिया को रौशन कीजिएगा,
सितारों ने हमको सताए बहुत हैं
हम भी अपने दिल को जलाए बहुत हैं।

कभी जो खले हाय मेरी जुदाई
एक आँसू बहाना ग़र मेरी याद आई,
सुना है कि झरनों के आँसू भी बहते
और महफ़िल वाले भी तन्हा हैं रहते,
संग कोयल के हमने भी गाए बहुत हैं
हम भी अपने दिल को जलाए बहुत हैं।

32. प्रेम का क़हर

मुझ पर टूटा कैसा ये क़हर है
वो हँसी तो लगा मीठा ज़हर है,
मिलना चाहा कई बार उससे,
ज़ाहिल तैराक, नाव का अभाव
और बीच में कम्बख़्त वो नहर है।

मुझ पर टूटा कैसा ये क़हर है।

कई बार सोचा करूँ इज़हार उससे
दिल में जो उमड़ रहा प्यार उससे,
वो भी आकर लग जाए सीने से मेरे
जी भर कर लूँ तकरार उससे,
अपना बसेरा दीवानों का शहर है

मुझ पर टूटा कैसा ये क़हर है।

ज़ुबां से नहीं कह सका तो क्या
नज़रें कहती हैं यही सदा,
दिल में तू ही है हर लम्हा
मेरे रहते न रहोगी कभी तन्हा,

तरंगों की भाँति उठती दिल की लहर है

मुझ पर टूटा कैसा ये क़हर है।

महफ़िलों के साथी तुम हो
तन्हाई के उदासी तुम हो,
मेरे साँसों की सरग़म
तुम ही हो मेरे दिल की धड़कन,
लूट लिया चैन भरा दिन का पहर है
मुझ पर टूटा कैसा ये क़हर है।

33. प्रेम में डूब के जीना है

ना मुझे मिट कर जीना है
ना मिटा कर जीना है,
मैं तेरे प्रेम की भूखी हूँ
मुझे इस प्रेम में डूब के जीना है।

हारी तो मैं पहले से ही हूँ
ना व्यक्त किया मिल तुझसे तो,
मिट जाएँगे निशान उस हार के भी
तेरे लफ़्ज़ों से हरा कर साबित कर
कि मैं तेरे प्रेम के काबिल ही नहीं,
सुनना है मुझे बस सुनना है
कि मेरा हृदय ख़ुदगर्ज़ नमूना है,
मैं तेरे प्रेम की भूखी हूँ
मुझे इस प्रेम में डूब के जीना है।

ना जाने क्यों मिट जाते हैं या
मिटा देते हैं मोहब्बत में,
ये इश्क़ वाले नहीं फ़रेबी हैं
ज़ालिम हैं, ख़ालिस क़ातिल हैं,
प्रेम तो नाम है जीने का

या नवजीवन देने का,
इनकार तो बस विरह है, कुछ पल का,
उठ कर फिर से जीवन का अमृत पीना है,
मैं तेरे प्रेम की भूखी हूँ
मुझे इस प्रेम में डूब के जीना है।

प्रेम हल्का ना छिछला होता है,
ना उसका स्तर जब देखो गिरता रहता है
हर नुक्कड़ गली चौराहों के बदलने से,
किसी तनहा भाभी को देख या
विवाहित मलिक के मोटे जेब से,
प्रेम में मिलना और समझना ज़रूरी है
पर निष्कर्ष मिलन ही हो ये ज़रूरी तो नहीं,
इस जनम ना मिले तो अगले जनम की तमन्ना है
मैं तेरे प्रेम की भूखी हूँ,
मुझे इस प्रेम में डूब के जीना है।

34. प्रेम क्या है?

मेरी नज़र में
प्रेम कोई शब्द नहीं,
वह तो एक मौन की गहराई है,
जहाँ आवाज़ें भी, सिर झुका लेती हैं।

प्रेम वह नहीं जो कहा जाए,
वह है जो अनकहा रहकर भी
हर धड़कन में, अपना अर्थ लिखता रहे।

यह समय से परे एक अनुभव है,
जहाँ कल, आज और कल का अंतर
बस एक एहसास में सिमट जाता है।

प्रेम किसी अधिकार का नाम नहीं,
यह तो त्याग की वह उजली धूप है
जो बिना शर्त हर अंधेरे को छू लेती है।

मेरी नज़र में
प्रेम वह है,
जहाँ स्वयं को खोकर भी

पहली बार खुद को पाया जाए,

पर मानवीय धरातल पर
प्रेम पूर्ण नहीं होता,
वह अधूरापन लिए ही सुंदर लगता है।

यहाँ अहं भी है,
थोड़ी-सी ईर्ष्या,
थोड़ा भय खो देने का,
और बहुत सारा साहस
किसी के साथ बने रहने का।

प्रेम वह है
जब थकान के बाद भी
कोई आपके लिए ठहरता है,
आपकी खामोशियों को सुनता है,
और आपकी असम्पूर्णता को
अपनी पूर्णता बना लेता है

यह रोज़मर्रा की, छोटी-छोटी बातों में बसता है
एक कप चाय में,
अनकहे ख़यालों में,
भीड़ में किसी एक चेहरे को ढूँढ लेने में,
और हर दूरी के बावजूद
दिल के पास बने रहने में।

प्रेम कभी-कभी टूटता भी है,

बिखरता है, सवाल करता है
पर फिर भी,
वह नफ़रत में बदलने से इंकार कर देता है

क्योंकि मेरी नज़र में
प्रेम सिर्फ़ एक भावना नहीं,
वह मनुष्य होने की सबसे सच्ची पहचान है।

और शायद इसीलिए
प्रेम एक प्रश्न नहीं,
बल्कि वह उत्तर है
जिसे समझने के लिए
जीवन भर की साधना भी कम पड़ जाए।

35. तेरा साया बनके

तेरे गुनाह, ग़लतियाँ जबसे लगने लगीं
हम रोते दिल से हँसकर कहने।

कर ले यकीन यारा, कर ना सितम अब
वचन दिया तुझको, जनम जनम का,
ये नहीं कहता राहों में, फूल बिछा दूँगा
पर जब लगेगी ठोकर, तुझको सँभालूँगा,
नादानी तेरी होगी, हर सितम सहूँगा
मैं तो साया बनके, संग तेरे रहूँगा,
कुछ भी हो जाये, किसी से ना कुछ कहूँगा
मैं तो साया बनके, संग तेरे रहूँगा
कुछ भी हो जाये, किसी से ना कुछ कहूँगा।

सपने बुने थे हमने, किससे गढ़े थे
बारिश की गीली मिट्टी, में हम सने थे,
उँगलियों में मेरे लिपटे, तेरे घुंघराले बाल थे
दहकते मेरे होंठों पे, तेरे सुर्ख़ गाल थे,
यादें पुरानी नहीं, कुछ पहले की ही बात है
अनदेखा कर दिया, कैसे जज़्बात हैं,
इश्क़ दिया जो तुमने, फिर से वही चाहूँगा

कुछ भी हो जाये, किसी से ना कुछ कहूँगा,
मैं तो साया बनके, संग तेरे रहूँगा
कुछ भी हो जाये, किसी से ना कुछ कहूँगा।

मुझको लगा था की, उम्रभर यूँ ही चाहोगे
मेरे बाद और किसी, को ना समझ पाओगे,
काँटे मिलेंगे कभी, कभी बगिया में साथ होंगे
साथ निभा देना, कुछ जनमों की बात होगी,
ठंढी हवा का झोंका, सावन की पहली फुहार हो
जाने जाना मेरी तुम, दिल का करार हो ,
नज़रों में छुपा कर तुम्हें, दिल में धड़काऊँगा
कुछ भी हो जाये, किसी से ना कुछ कहूँगा,
मैं तो साया बनके, संग तेरे रहूँगा
कुछ भी हो जाये, किसी से ना कुछ कहूँगा।

36. मेरी खिड़की का चाँद

मेरी खिड़की का वो
चाँद कभी
तेरी खिड़की पे भी
आता होगा,
जैसे मैं उससे नज़रें
मिलाती हूँ
तू भी तो कभी
मिलाता होगा।

हम दो अनजाने
वो पहचाना
अपनी तो बात
कराता होगा
मेरी खिड़की का वो
चाँद कभी
तेरी खिड़की पे भी
आता होगा

चुपके से तेरे
ख़्वाबों में

रौशनी बनकर
छाता होगा,
मेरी ही बातें
तुझसे वो
हौले-हौले
बतलाता होगा।

जब रात ढले
तन्हाई में
दिल तेरा भी
घबराता होगा,
मेरे जैसे ही
तू भी कभी
उसे दिल का हाल
सुनाता होगा।

जैसे ठहरी हुई
झीलों में
कोई पत्थर
लहराता होगा,
वैसे ही मेरा नाम
तेरे दिल में
धीरे-धीरे
उतराता होगा।

जैसे सूखे पत्तों को
छूकर

मंद हवा
गुनगुनाती है,
वैसे ही क्या
मेरी याद
तुझको भी
चुपके-चुपके
सहलाती है।

कभी रात के
सन्नाटों में
तू चाँद से बातें
करता होगा,
मेरे होने का
एक अहसास
सीने में
धरता होगा।

जैसे अधूरी सी
कोई धुन
होठों पे आकर
रुक जाती है,
वैसे ही मेरी कमी
तेरे दिल में
चुपके से
चुभ जाती है।

ये दूरी जैसे

रेत घड़ी
धीरे-धीरे
बहती होगी,
हर गिरती रेत में
मेरी सूरत
तुझको दिखती
रहती होगी।

फिर भी उम्मीदों का
एक दिया
दिल में तेरे
जलता होगा,
मेरी खिड़की का वो
चाँद कभी
तेरी खिड़की पे
मचलता होगा...

37. साँसों में तुम

तेरी आँखों में जो इश्क़ जलता है,
देख कर मन ये कहता है
मैं तुझसे दूर रहूँ, ये ही भला है,
पास आऊँ तो कहीं मंज़िल न बन जाऊँ।

तेरी ख़ामोशी में जो लफ़्ज़ पिघलते हैं,
वो मेरे दिल तक बिना कहे ही पहुँच जाते हैं,
तेरी हर एक नज़र में जैसे कोई दुआ बसती है,
और मैं उस दुआ का असर बन जाने से डरता हूँ।

ये जो तेरे ख़्वाबों की नमी है पलकों पर.
कहीं मेरी हक़ीक़त उसमें रंग न भर दे,
तेरे रास्ते पहले ही कितने मुकम्मल हैं,
कहीं मेरा होना उन्हें अधूरा न कर दे।

इश्क़ की ये आग बड़ी ख़ूबसूरत है मगर,
जलना इसमें आसान नहीं होता,
मैं तेरे क़रीब आकर खुद को खो दूँ,
या दूर रहकर तुझे सँजो लूँ, यही सवाल रहता है।

शायद मोहब्बत का असली हुनर यही है,
कि हर चाहत को मुक़ाम न दिया जाय,
कुछ अहसास बस महसूस करने के लिए होते हैं,
उन्हें पाने की ज़िद में कहीं वो खो न जाएँ।

और फिर भी, तेरी याद का ये सिलसिला थमता नहीं,
हर रात तेरा नाम चाँद की तरह उतर आता है,
मैं अपने ही दिल से छुपता फिरता हूँ,
पर हर रास्ता तेरी ओर ही मुड़ जाता है।

तेरी हँसी की वो हल्की सी आहट,
मेरे सूनेपन में रोशनी भर जाती है,
मैं चाहकर भी बेपरवाह नहीं रह पाता,
तेरी मौजूदगी हर ख़ामोशी में गूंज जाती है।

कभी सोचता हूँ अगर मिल भी गये हम,
तो क्या ये जादू यूँ ही कायम रहेगा?
या हक़ीक़त की धूप में ये ख़्वाब,
धीरे-धीरे पिघल कर बह जाएगा?

इसी डर से मैं ख़ुद को रोक लेता हूँ,
तेरे क़रीब आने से पहले ही मुड़ जाता हूँ,
क्योंकि कुछ रिश्ते दूरियों में ही महफ़ूज़ रहते हैं,
पास आकर अक्सर अपना वजूद खो देते हैं।

मगर ये भी सच है
कि तेरे बिना ये दिल अधूरा सा लगता है,

जैसे कोई अधूरी ग़ज़ल,
जो हर मिसरे में तेरा नाम ढूँढती है।

शायद किसी और जहाँ में, किसी और वक़्त में,
हम बिना डर के एक-दूसरे के हो पाएँ,
यहाँ तो बस इतना ही मुमकिन है
कि मैं तुझे चाहूँ... और तुझसे दूर रह जाऊँ।

38. बिन कहे

दिल ने कहा आए सुकूँ, काम ऐसा कीजिए,
धड़कन ने कहा उनके लबों से, जाम पहले पीजिये।

ज़माना कहे उनका नाम, यूँ ख़ुलेआम ना लीजिए,
चंचल मन ने सोचा चुपके से, उनकी इबादत कीजिए।

माँ का कहना था कि, भूल जा तू उन्हें प्रिये,
हमने भी ये ठानी है, उनकी याद में हम जिये।

रातों ने कहा ख़्वाबों में, उनका दीदार कीजिए,
चाँद ने हँसकर कहा, उनसे इश्क़ बेहिसाब कीजिए।

हवाओं ने छूकर कहा, उनकी ख़ुशबू में खो जाइए,
साँसों ने सरग़ोशी की, बस उनके ही हो जाइए।

तन्हाइयों ने आकर, हमें ये सबक़ सिखा दिया,
ख़ामोशी में भी उनके नाम की, हलचल मचा दिया।

अब इश्क़ हमारा मुकम्मल हो ही जाएगा,

जब उनके धड़कन में, नाम हमारा आएगा।

क़िस्मत से शिकायत थी कि, क्यों दूर हैं वो मुझसे,
दुआओं ने फिर कहा, जोड़ देंगे एक दिन तुझसे।

39. मस्त नज़रों की ख़ता

मस्त नज़रों की क्या थी ख़ता दोस्तों
कुछ पता ना चला हम फ़ना हो गए,
जाम आँखों से पीते रहे रात भर
होश क्या चीज़ है, हम जुदा हो गए।

मद मिला कर गए उनसे था पूछना
रूह तक उनकी ख़ुशबू बसा हो गए,
लड़खड़ा कर कदम राह भूलें सभी
उनकी गलियों में ही आशियाँ हो गए।

ये शोख़ बदन चंचल हैं नयन
रूप का जाल फैला है मस्त यौवन,
गेसुओं को झटकती है जब हमनवा
साँसे थम जायें दिल को ना चले कुछ पता।

नहीं है ज़रूरी के जाऊँ मयखाना
तेरी आँखों में सारा नशा है बसाना,
लबों की लाली है जामों से गहरी
तेरी बातों में छुपी मस्ती है सुनहरी।

कभी तेरी हँसी जैसे छलका हो सागर
कभी तेरी ख़ामोशी लगे इक समंदर,
तेरी आहट से महके ये वीरान दिल
तेरे होने से ही रोशन हर एक मंज़िल।

तेरी ज़ुल्फ़ों के साये में रातें ठहरें
तेरी यादों के दीपक सदा ही निखरें,
तेरी बाँहों का आलम है ऐसा नशा
मयक़दा भी लगे अब तो फीका-सा।

पागल-आवारा तेरे दीवाने रहे
तेरी चाहत में हर ग़म भुलाने लगे,
तू मिली तो लगा ये जहाँ मिल गया
नींद खुलते ही सब कुछ दफ़ा हो गया।

मस्त नज़रों की क्या थी ख़ता दोस्तों
अब तो जीने के मतलब अदा हो गए,
तेरे इश्क़ में डूबे यूँ हर लम्हा
ख़ुद से ही हम कहीं लापता हो गए।

40. सखी मोरा साजन आये

सखी मोरा साजन आए हैं
रे मोरा बालम आए हैं
ललकी चुनरिया अम्मा से माँग के
केस में मोरा चंपा सजा के
आज मोहे नवकी दुल्हन बना के
छुप जाना सब किल्ली लगा के
क्यों...?
क्योंकि... आज मनभावन आए हैं
सखी मोरा साजन आए हैं
रे मोरा बालम आए हैं।

बरसों की बाट जोहती अँखियाँ
अँगना डोले धड़कन सखियाँ
द्वारे पर जब से पाँव पड़े हैं
सावन तब से फूट पड़े हैं
मन के सूने कोने-कोने
फूलन जैसे महक उठे हैं
चूल्हे की आँच धधक रही है
पर तन में सिहरन लग रही है।

हाथन में लोटा, मन में अगनिया
कैसे बुझाऊँ यह प्यास जिया का
सासु निहारें, ननद मुसकावे
देवर हँसी में बात छुपावे
काहे सब नैना पहरा दें
मोरे मिलन पे ताला लगावे।

ओ सखी! कबहुँ वह घड़ी तो आए
जब पनघट सूना रह जाए
जब सब निदिया में खो जाएँ
हम दो नयन मिलन कर पाएँ
बइठी चौखट गिनूँ मैं साँसें
ज्यों पिंजरे में फँसी चिरैयाँ।

मनवा उड़े बदरा के संग
तनवा अटका आँगन डोरियाँ
सखी मोरा साजन आए हैं
रे मोरा बालम आए हैं
गोरिया बदन पर पसीना झरे
भीतर-भीतर ज्वाला धरे।

सुन री सखी! यह कैसी पीड़ा
पास रहत भी दूरी घनेरा
बिन बोले ही बात समझ लें
ऐसी आस जगाये नयना
ओढ़े लाज की पतरी चादर
भीतर जागे प्रीत सलोना।

रतिया होय, दीया बुझ जावे
चंदा बादर में छिप जावे
किवड़िया धीरे से खिसका दूँ
पायल की झंकार दबा दूँ
बाहों में भर लेहैं जब मोहे
टूटे बरसों का यह रोना।

आज सुहागन साँसें भर ले
मिट जावे बिरहा का कोना
सखी मोरा साजन आए हैं
रे मोरा बालम आए हैं
आँगन, तुलसी, नीम गवाह हैं
सूनी साँझें, भीगे राह हैं।

धरती, गगन, पवन सब जाने
कैसे जियरा तड़प उठे हैं
अब तो मिलन की बेला आई
मन के बंधन टूटे जाएँ
सखी मोरा साजन आए हैं
रे मोरा बालम आए हैं।

41. भीगी पलकें

टूटे वादों की राख तले
अब भी जलती चाहत है
भीगे ख़त की हर पंक्ति में
तेरी ही इक आहट है।

साँसों के सन्नाटे में
तेरी धड़कन की ज़रूरत है
बिखरे मन के आईने में
तेरी ही तो सूरत है।

वक़्त की सूनी राहों पर
चलती मेरी परछाइयाँ,
तू हो न हो फिर भी दिल में
बसती तेरी रानाइयाँ।

होगा मिलना फिर कभी
या बस किस्से बन जाएँगे
हम तुम यूँ ही चलते-चलते
राहों में खो जाएँगे।

दिल पूछे हर मोड़ पे ये
क्या तू भी तन्हा होगा?
या मेरी ही तरह तेरा भी
इश्क़ कहीं ठहरा होगा।

चाँद भी अब ख़ामोश है
तारों में वीरानी है
रातों की हर सिलवट में
तेरी ही कहानी है।

भीगी पलकें कहती हैं
कुछ तो अब भी बाकी है
टूटी सांसों के अंदर
तेरी याद की झांकी है।

खोई-खोई सी धड़कन में
तेरा ही इक नाम रहे
भीड़ भरे इस जग में भी
दिल बस तेरा धाम रहे।

काग़ज़ दिल का जलता है
लफ़्ज़ धुआँ बन जाते हैं
तेरी यादों के मौसम में
आँसू गीत सुनाते हैं।

मंज़िल चाहे दूर सही
रास्ते थमते कब हैं

इश्क़ अगर सच्चा हो तो
फ़ासले जमते कब हैं।

शायद किसी सुबह के संग
फिर से उजियारा होगा
मेरे इस सूने मन में
तेरा ही नज़ारा होगा।

42. अमलतास के फूल

अबकि अमलतास के फूल जल्दी आ गए
लगता है बरसात भी जल्दी ही आएगी
सुनो ना... तुम आओगे क्या इस बरसात?

पिछले कई सालों से नहीं आए
आख़िरी बार जब आए थे
तो पीली छतरी के अंदर
तुम्हारा चेहरा छुप सा गया था,
लाख जतन किए मैंने
कि भले एक नज़र
पर तुमको साबूत देख लूँ
पर सारी कोशिशों पर पानी फिर गया,

ना वो तेज़ हवा का झोंका आता
ना तुम यूँ तेज़ी में निकलते
और ना ही मैं आज तक
तुम्हारे दीदार को तरसती।
सुनो! अबकि जब आना
तो मेरी सौतन छतरी मत लाना
बस तुम ही आना, पर आना ज़रूर।

www.ingramcontent.com/pod-product-compliance
Lightning Source LLC
Chambersburg PA
CBHW050530240926
51846CB00003B/765
9789376424177